陈国治 主编

接纳与转变：给家长的融合教育指导

学龄前孤独症儿童融合教育指导丛书

广西教育出版社 ·南宁·

图书在版编目（CIP）数据

接纳与转变：给家长的融合教育指导 / 陈国治主编
. -- 南宁：广西教育出版社，2023.11
（学龄前孤独症儿童融合教育指导丛书）
ISBN 978-7-5435-9388-6

Ⅰ. ①接… Ⅱ. ①陈… Ⅲ. ①孤独症－儿童教育－特殊教育－家庭教育 Ⅳ. ① G766

中国国家版本馆 CIP 数据核字（2023）第 220015 号

策　　划：苏　敏　曾令宪　钱艺琴
责任编辑：吕远梅　　书籍设计：李浩丽
责任校对：何　云　　责任技编：蒋　媛
数字策划：曾令宪　钱艺琴　吕远梅　　技术支持：梁广浩　粟　潇

出 版 人：石立民
出版发行：广西教育出版社
地　　址：广西南宁市鲤湾路 8 号　邮政编码：530022
电　　话：0771-5865797
本社网址：http://www.gxeph.com
电子信箱：gxeph@vip.163.com
印　　刷：广西壮族自治区地质印刷厂
开　　本：787mm×1092mm 1/16
印　　张：7
字　　数：54 千字
版　　次：2023 年 11 月第 1 版
印　　次：2023 年 11 月第 1 次印刷
书　　号：ISBN 978-7-5435-9388-6
定　　价：29.00 元

总序

孤独症谱系障碍，是一种神经系统广泛性发育障碍，主要表现为语言发育障碍、社会交往障碍、兴趣狭隘和重复刻板行为。孤独症儿童因受疾病本身的影响，在融合教育的道路上困难重重。

近年来，我国关注孤独症儿童融合教育的专业人士越来越多，也有越来越多的机构、幼儿园致力于孤独症儿童的融合教育，这为孤独症儿童提供了更多可以融入主流教育的机会。同时，孤独症儿童融合教育的开展也给相关从业人士带来了专业上的挑战。

“学龄前孤独症儿童融合教育指导丛书”（以下简称“丛书”）是给从事孤独症儿童康复工作的专业人员、开展孤独症儿童融合教育的幼儿园教师以及学龄前孤独症儿童家长提供专业性支持的一套丛书。丛书立足于广西壮族自治区残疾人康复研究中心（以下简称“广西区康”）孤独症儿童康复团队在学龄前孤独症儿童融合教育领域的实践成果，基于 PEO 框架，在充分尊重学龄前孤独症儿童个别化差异的前提下，倡导从环境支持和活动设计的角度，给予学龄前孤独症儿童有效的融合支持。丛书共分为五册，分别从学龄前孤独症儿童融合教育模式、面向辅助教师及幼儿园教师的融合教育支持性策略、面向家长的积极支持、面向融合教育机构的课程设置以及学龄前孤独症儿童融合教育中的常见情绪与行为干预这五个方面，给读者带来具有实践指导意义的学龄前孤独症儿童融合教育理念和方法。

丛书充分体现出广西区康孤独症儿童康复团队对学龄前孤独症儿童康复教育事业的使命感，以及对专业孜孜不倦的追求与探索，凝聚了编写团队近十年的心血。希望本套丛书的出版，能够为我国学龄前孤独症儿童融合教育事业的发展出一份力。相信在大家的共同努力下，学龄前孤独症儿童融合教育事业一定会蓬勃发展。

主编　陈国治

序言

本书《接纳与转变：给家长的融合教育指导》是“学龄前孤独症儿童融合教育指导丛书”（以下简称“丛书”）的第三册。本书是以帮助家长解决学龄前孤独症儿童在融合教育中遇到的困难为根本目标，首次引入积极心理学理论，指导家长运用积极心理学PERMA支持模式中的感恩拜访练习、三件好事练习和突出优势练习三种积极心理干预方法来解决融合教育中遇到的具体问题。

本人作为一名康复医学专科医生，从事了20余年的儿童康复工作，在以往的工作中更多的是从康复医学的视角，运用神经康复的手段去治疗和干预孤独症儿童因大脑发育障碍出现的一系列问题。但是，医学知识对家长来说太过于抽象而难以理解，当他们在照料孩子、给孩子做康复训练、帮助孩子进入幼儿园融合的过程中遇到困惑和难题时，往往很难运用这些医学知识去解决。医生与家长之间仿佛有一条鸿沟，医生很难真正帮助到家长。五年前我选择攻读积极心理学博士，系统地学习积极心理学的理论和干预方法。在医学知识的基础上融入积极心理学的内容，大大拓宽了我的视角，特别是在家长面临孩子带来的各种压力而手足无措的情况下，我运用积极心理学的干预方法，为家长提供更有效的帮助。在策划本书时，我们的团队一致认同以积极心理学为主线来编写此书。运用积极心理学干预方法，指导家长如何为融合教育中的孤独症儿童营造积极能量场，这将是本书的一大特色和亮点。本书提到的 PERMA 支持模式，五个字母分别代表了幸福人生的五个元素：

P= 积极情绪（positive emotion），

E= 投入（engagement），

R= 人际关系（relationships），

M= 意义和目的（meaning and purpose），

A= 成就感（accomplishment）。

这五个元素都可以通过学习来加强，帮助家长在生活中获得更多的积极情绪，在陪伴爱人、孩子时能更加投入，建立更好的人际关系，同时，通过帮助孩子取得更大的进步，从而获得更多的成就感。

本书提到的积极心理学 PERMA 支持模式的感恩拜访练习、三件好事练习和突出优势练习三种积极心理干预方法，对自己有效，对家人有效，对孩子也有效。只要坚持六个月以上，将会让我们的生活状态发生彻底的转变。孤独症儿童家长可以运用 PERMA 支持模式给孩子营造积极能量场，能较好地开发孩子的大脑潜能，让孩子从慢发育状态进入正常发展轨道，孩子各方面的能力将会得到稳步的发展和提高，让孩子回归家庭、回归学校以及融入社会将不再是一种奢望。

主编　陈国治

目录

第一章

从『心』接纳

作为孤独症儿童的家长，你是否也经历过这样的困境？长期带着孩子奔波在各医院和康复机构之间，精疲力尽；看着孩子一天天长大，不知道孩子的未来该何去何从，无比焦虑；疲于应对孩子每天变化多端的情绪和行为问题，力不从心；全天无微不至地陪伴和照顾孩子，孤立无援。

家庭是孩子的第一所学校。在孤独症儿童成长和康复的过程中，家长既是照顾者又是家庭康复师。也正是如此，孤独症儿童的家长面临巨大的心理压力。如何缓解内心的压力，从“心”接纳孩子的特别，从“心”接纳自己作为照顾者和家庭康复师的双重身份，是孤独症儿童家长的必修课。

本章从积极心理学的角度出发，指导家长在陪伴孤独症儿童成长的过程中，如何有效调节自身压力，为融合教育中的孤独症儿童营造积极能量场。

第一节
你是这样的家长吗？

我该不该让孩子从幼儿园退学？

儿子安安在3岁的时候被诊断为孤独症谱系障碍，经过两年的系统康复训练，安安各方面的能力有了很大进步，康复机构老师建议安安到幼儿园融合。

从康复机构老师建议我给安安找幼儿园的那一刻起，我就陷入了无比的紧张和焦虑之中。安安这个情况，幼儿园会收吗？安安进入幼儿园后能适应吗？安安会不会遭到老师、同学和其他家长的歧视呢？万一安安进入幼儿园不适应，我该怎么办？这些问题在我的脑海里不断翻滚，但我始终找不到答案。尽管紧张、焦虑，我还是在康复机构老师的鼓励下，为安安找幼儿园。在给安安找幼儿园的过程中，我害怕幼儿园老师知道他的情况而拒绝他入学，所以我没有跟幼儿园老师说安安患有孤独症。为了让安安得到更多的关注，我选择了小区里一所生源比较少的私立幼儿园作为安安的融合幼儿园。

入园的第一天，我既忐忑又期待地将安安送入了幼儿园。在等待安安放学的一天里，手机每收到一条信息都让我感到忐忑不安，我很害怕是幼儿园老师发来的信息。我害怕老师发现安安的不一样，害怕老师说安安不适合上幼儿园。第一天放学接安安时，老师跟我沟通了安安在班上的表现：自己一个人在教室走来走去；对老师的指令充耳不闻；一天到晚总是一个人自言自语，好像有说不完的话。我敷衍地应付着老师，满脑子想着找借口赶紧结束谈话，我很害怕老师下一句就会说出让我带安安离开的话。开学第一天，我带着安安落荒而逃。第二天开始，我见到老师就躲，一方面很想知道安安的表现，但另一方面又很害怕老师跟我沟通。纠结、焦虑了一周，我开始犹豫，是不是安安还是不适合上幼儿园？我是不是应该带安安回康复机构？

带着这样的疑问，在安安进入幼儿园一周后，我去了康复机构。在见到康复机构老师的那一刻，我像是见到了久违的亲人，眼泪止不住落下。我一把鼻涕一把眼泪地诉说着我的紧张和焦虑，并询问康复机构老师能不能让我把安安带回机构。老师耐心地听完我的哭诉，鼓励我跟幼儿园老师好好沟通，真诚地沟通。

第二天，我鼓起勇气，跟幼儿园老师进行了深入的沟通。我发现，原来我害怕和焦虑的情况并没有出现。幼儿园老师跟我沟通安安的情况是想更加了解安安，想找到更有效的引导和帮助安安的方法。我是幸运的，遇到了一个愿意接纳安安的幼儿园，悬在心里的石头终于落下。

一、孤独症儿童家长在融合教育中常见的心理问题

孤独症儿童的康复与教育是一个漫长而艰辛的过程。为了让孤独症儿童实现生活自理，回归家庭、学校，融入社会，很多家长放弃了原来的工作，专职照顾孩子，并长期陪伴孩子在康复机构进行训练。还有一些家庭在照顾孤独症儿童上产生分歧和矛盾，从而出现家庭不和的问题。这使得孤独症儿童家长在养育孩子的过程中承受着巨大的心理压力，这种压力如果没有得到有效的缓解与疏导，很容易导致家长处于绝望与崩溃的边缘，产生恐惧心理。这种长期处于恐惧状态下的心理压力不仅会严重影响家长的身心健康，还会影响孩子参与融合教育的效果。在与孩子相处和互动的过程中，家长容易因内心恐惧而在行动上常常有这样的表现：有条件的爱和付出、向外寻找自身价值、人际关系紧张、抗拒变化、将问题归因他人、道德主义、非黑即白、只关注过去和

未来、自我封闭和羞辱他人等。而家长的这些表现会影响孤独症儿童的康复与教育的效果。

二、积极心理学与家长支持

孤独症儿童参与融合教育的过程，是他们成长中一个重要且关键的阶段。对孤独症儿童家长来说，最大的挑战在于，如何将他们原来恐惧的养育模式转变为积极的、有力量的养育模式，来陪伴孩子度过这一关键阶段。从积极心理学的角度来看，可以从社会支持与心理支持两个方面入手，帮助孤独症儿童家长减轻心理压力，让孤独症儿童得到更好的照顾和康复。

在社会支持方面，可以从社会层面给予孤独症儿童更多的支持，让孤独症儿童家长在医疗、教育、经济上得到更多的支撑。近年来，我国孤独症儿童的患病率逐年上升，针对孤独症儿童的诊疗、康复和融合教育也随之发展，目前已经有三级综合医院的康复医学科、妇幼保健院、儿童医院、康复专科医院、儿童康复专科医院、社区康复中心、残联系统及民政系统的儿童康复中心或机构、非公立医疗机构和康复机构等医疗资源，家长可以在上述相关的医疗资源里获得必要的支持。

在心理支持层面，孤独症儿童家长可以通过学习有效的方法来提高和调节自己的心理承压能力，让自己从容地接受事实，积极地支持孤独症儿童的成长。以 PERMA（即“幸福五元素”，详见下节）为框架的学龄前孤独症儿童家长支持模式，就是帮助和指导孤独症儿童家长运用 PERMA 支持模式，让自己得到及时的心理疏导，从而提高自己的心理弹性，做出给予孩子无条件的爱、内在认可自我价值、互相尊重的人际关系、积极接受变化、勇敢承担责任、换位思考、接受模糊性、关注当下、倾听和接纳别人的意见、理解他人等心理转变，以此来驱动家长进一步缓解心理压力，为孤独症儿童营造积极、正向的康复与教育环境，最大程度地帮助孤独症儿童尽早回归家庭、学校，融入社会。

第二节
积极心理学与亲子关系

一、积极心理学的概念

（一）积极心理学的正式提出

1998 年，美国心理学会（American Psychological Association，

简称 APA）主席马丁 · 塞利格曼（Martin Seligman）首次提出积极心理学运动。2000 年，马丁 · 塞利格曼及其同事发表了《积极心理学导论》一文。[1] 2002 年，《积极心理学手册》的出版表明了积极心理学（Positive Psychology）成为一门独立学科。学术界开始关注对积极心理学的研究。

（二）积极心理学的概念阐释

积极心理学中的“积极”一词来自拉丁语“positum”，意为“潜在的”和“实际的”。[2] 劳拉 · 金（Laura King）与谢尔顿（Kennon M.Sheldon）认为积极心理学在现有心理学测量手段、实验方法的基础上，是对人类美德、力量的关注与研究。马丁 · 塞利格曼等人提倡心理学要从人类现有的、潜在的、建设性力量以及美德与善端出发，以一种积极乐观的视角来解释人们所谓的“心理问题”，充分挖掘、发挥个体内在的优秀心理品质，帮助人们尽可能地发展自己的潜能，实现美好、幸福的人生。[3]

---

［1］汪新建．西方心理学史［M］．天津：南开大学出版社，2011：263.

［2］秦喆．积极心理学视野下大学生心理危机干预构想［M］．北京：航空工业出版社，2017：21.

［3］李畅．积极心理学理论与应用研究进展［J］．科教文汇，2019（36）：155–156.

二、积极心理学的“幸福五元素”（PERMA）

PERMA 理论，即“幸福五元素”，由“积极心理学之父”马丁·塞利格曼在《持续的幸福》一书中提出。积极心理学“幸福五元素”（PERMA），即幸福感的五个维度，分别是积极情绪（positive emotion）、投入（engagement）、人际关系（relationships）、意义和目的（meaning and purpose）、成就感（accomplishment）。

（一）积极情绪

积极情绪指个体在经历一些事件后所产生的积极的心理状态，它是幸福理论的基石，快乐人生的源泉。积极情绪可以提高生活幸福感和满意度。拥有积极情绪的孤独症儿童家长，更容易做到接纳孩子、接纳自己，以积极的心态面对、引导和支持孤独症儿童融合教育的发展。

（二）投入

投入指个体全身心地投入自己的事情中，能进入心流的状态，即完全沉浸于当前的活动中，感觉不到时间的流逝，进入一种忘我的主观状态。这种状态能增强积极情绪和提升幸福感。孤独症儿童家长在融合教育活动中积极投入，温和而坚定地对待孩子遇到的困难和挑战，适当地把握契机，正向、积极地支持和引导孩子。孤独症儿童的反馈，尤其是正向行为的反馈，可以增强家长的心流体验，驱动家长更加积极地投入融合教育活动中。

（三）人际关系

人际关系指人与人之间沟通、交往时产生的社会关系。积极的人际关系能够为提升幸福感提供外界支持和内部动力。积极的人际关系是实现幸福的必要条件，同时幸福也可以促进积极的人际关系。我们的情绪状态通常会影响我们与他人的互动和关系。积极情绪水平较高的人倾向于正向的社会交往。一方面，积极的人际关系可以帮助孤独症儿童家长处理冲突和应对人际矛盾。另一方面，积极的人际关系有利于孤独症儿童家长之间建立互助关系，共同进步。积极的人际关系可以给孤独症儿童家长提供支持，增加自我效能感，这些都有利于孤独症儿童在融合教育中的发展。

（四）意义和目的

意义和目的指个体为了精神需要和想要的结果，主动参与并致力于某些具有挑战性、需要不断追求的事情。人们可以通过各种途径寻找人生的意义（如取得成就、达成自己的预定目标、追求快乐、获得满足感等），这些努力可促使人们在追求意义的过程中获得更高层面的满足感。在生活中寻找意义和目的是很重要的，缺乏意义的生活容易导致抑郁。在支持和引导孤独症儿童参与融合教育的过程中，明确此阶段的意义和目的，有利于家长在遇到挫折和困难的时候，把认知和思维聚焦在意义和目的上，调整自身认知的偏差，转变观念，继续前进。

（五）成就感

成就感指个体通过自己的努力，运用自己的优势所获得的良好感觉。成就感包括一种朝着目标努力、掌握事态和完成任务的自我效能感，会受到环境、机会和个人抱负等因素的影响。养育孤独症儿童对于家长来说是一件艰难且具有高度挑战性的事情。孤独症儿童家长通过体验和分享这一过程中的努力、经验和收获，有助于增强自我成就感，并进一步发掘自身优势，支持孤独症儿童的成长。

第三节
为融合教育中的孩子营造积极能量场

一、积极能量场与消极压力场

世界万物都存在于宇宙之中，每一个人都身在其中，受到宇宙这个大磁场的影响。人与自然、人与社会、人与人之间，都会相互影响、相互作用，可能是好的影响、好的作用，也可能是坏的影响、坏的作用，这取决于我们营造的是什么样的能量场。如果我们营造的是积极能量场，身在其中就会感到愉悦，身体的新陈代谢就会轻松自如地运转，更容易拥有健康的体魄。在积极能量场下，身体各项功能会发挥最大的潜能，这就是人们常提到的身心得到“滋养”。相反，如果我们营造的是消极压力场，身在其中就会感到紧张、疲惫、焦虑或抑郁，身体的新陈代谢就会受阻，影响身体的正常运转，身体能量也被逐渐消耗，从而出现情绪、心理问题。长期处在消极压力场下，各项身体潜能不但不能发挥，正常功能的发展也会受阻，最终会导致功能发展障碍和身心疾病，这就是人们常说的身心“内耗”。身心疾病往往与大脑的功能发展息息相关。孤独症儿童的身心问题受大脑功能发展的影响尤为突出。我们在为融合教育中的孤独症儿童营造积极能量场的时候，需要从孤独症儿童大脑发育的角度去思考。

孤独症谱系障碍是一种神经系统广泛性发育障碍，主要表现为不同程度的语言发育障碍、社会交往障碍、兴趣狭隘和行为方式刻板，其根源是大脑出现了不同程度的发育迟滞问题。人类大脑发育要经历三个关键期，胎儿期和 0～3 岁是大脑发育的第一个关键期，这个时期是婴幼儿发育最脆弱的阶段，对外界的抗压能力非常弱，需要照顾者细心地照料和呵护。在这个时期，如果照顾者给婴幼儿营造轻松愉悦、温馨有爱的积极能量场，那么会非常有利于婴幼儿的大脑发育和功能发展。因为这个时期是婴幼儿情感依恋、安全感、运动感知觉和语言认知等功能快速发展的阶段，也是婴幼儿认知身体形象、学会身体自控的阶段。因此，大脑发育的第一个关键期是人类大脑发育和功能发展打下坚实地基的最重要阶段，50% 的大脑在这个阶段得以发育，正如一句老话：三岁看大。大脑发育的第二个关键期是 4～7 岁，30% 的大脑在这个阶段得以发育。这个时期的幼儿开始大胆地向外探索，发展更多与外界的联结，是情感表达、社交互动快速发展的阶段，也是幼儿独立自主、自我意识逐渐形成的重要阶段。这个时期，照顾者在确保儿童安全的前提下，给儿童营造轻松愉悦、温馨有爱的积极能量场，并适当放手，会非常有利于培养儿童的探索能力、好奇心及创造力。可以说，大脑发育的第二个关键期，奠定了人一生发展的高度，正如另一句老话：七岁看老。因此，在大脑发育的第一、第二个关键期，给孩子营造积极能量场是至关重要的，快乐的童年是人一生最难忘的阶段，也是大脑功能发育和潜能开发的最佳时期。阿德勒（Alfred Adler）说过：幸运的人用童年治愈一生，不幸的人用一生治愈童年。0～7岁是人一生中大脑发育最重要的阶段，这种说法并不为过。大脑发育的第三个关键期是7岁到成人，20%的大脑在这个阶段得以发育。这个时期是人类高级脑功能发展的重要阶段，左脑的逻辑思维能力、运算力、推理判断力、语言逻辑表达力以及右脑的记忆力、想象力、创造力、艺术天性、丰富情感等高级脑功能得到快速的发展。在这个时期，高级脑功能和左右脑潜能是否能得到高效开发，需要两个关键条件：一是大脑发育的第一、第二个关键期地基是否牢固；二是成长的过程更多的是身处积极能量场还是消极压力场。不管是处于大脑发育的哪个关键期，营造积极能量场还是消极压力场，对这个时期的大脑发育影响巨大。

大部分孤独症儿童的大脑发育都卡在第一、第二个关键期，语言认知、社交互动很难发展出来，大脑发育的地基打不好，高级脑功能就难以发展，这就严重阻碍了孤独症儿童进入正常学校接受普通教育，难以融入社会，甚至无法独立生活。孤独症儿童大脑发展的第一、第二个关键期，比正常的同龄儿童发展要迟缓很多，对外界的抗压能力更弱，稍微遇到一点压力和刺激，就会退缩或者出现自我刺激行为，严重阻碍大脑发育和能力的发展，甚至大脑发育会因卡在第一、第二个关键期而停滞不前。照顾者给孤独症儿童营造轻松愉悦、温馨有爱的积极能量场，能给孤独症儿童的大脑发育和功能发展创造有利条件，帮助孤独症儿童发展情感依恋、安全感、运动感知觉和语言认知等功能，让孤独症儿童认知身体形象、学会身体自控，为下一阶段的高级脑功能发展奠定基础。只有这两个关键期发展好了，孤独症儿童才有机会发展高级脑功能，才能回归家庭、学校，融入社会。

二、如何为孤独症儿童营造积极能量场

以 PERMA 为框架构建积极心理支持模式，对孤独症儿童家长

进行六个月的积极心理干预，营造积极能量场，这对孤独症儿童及其家庭成员的潜能发挥产生深远的影响。PERMA 支持模式包括感恩拜访练习、三件好事练习和突出优势练习。其中，感恩拜访练习、三件好事练习是必做项目，且要持续六个月以上，突出优势练习为选做项目。

（一）感恩拜访练习

人际关系的和谐美好，是获得幸福感的重要因素。感恩是促进关系和谐的润滑剂，如果生活中缺少感恩，人与人之间的美好会失色很多。感恩可以让我们的生活更加幸福和满足。当我们心存感恩时，回忆起生活中的好事和美好经历，不仅能让我们身心获益，还能通过表达感激之情加深与他人的关系。在感恩拜访练习中，你可以用一种周到、明确的方式，体验如何真诚地表达感激之情。

感恩拜访练习的步骤如下：

步骤 1：找一个现实生活中你想要感恩的人，可以是配偶、父母、亲戚、老师、同学、同事、邻居或者朋友等。他曾经的言行让你的人生变得美好，获得幸福感。尽管你从来没有充分地表达过对他的感谢，但你计划下个星期去见他。

步骤 2：给这个人写一封感谢信并亲自交给他，信的内容要写具体。在信中，你要明确地回顾他为你做过的事，以及这件事情如何影响到你的人生；让他知道你的现状，并提到你是如何经常想到他的言行的，表述要能够动人心弦。

步骤 3：写完这封感谢信后打电话给这个人，告诉他你想要拜访他，但是不要告诉他再次见面的目的。当一切都在意料之外时，这个练习会格外奏效。

步骤 4：见到他以后，在他面前慢慢地念你的信，并注意他的反应。如果在你念的过程中他打断了你，那你就告诉他，你真的希望他先听你念完。在你念完之后，你们可以交流彼此的感受，或讨论新的内容。

完成感恩拜访之后的一个月内，你会感到更加幸福，你所营造的积极能量场会对孩子和家庭成员产生积极影响，他们将从你身上得到精神滋养和积极能量。为了达到更好的效果，建议每个月找一个感恩的对象进行感恩拜访，持续六个月。

以下是一位孤独症儿童的母亲的自述。

感恩拜访的神奇力量

我的孩子到普通幼儿园接受融合教育的第一周，我的生活真是糟糕。每天早上把孩子送到幼儿园门口，孩子在幼儿园门口哭闹、滚地、拉着我往外走，就是不肯进幼儿园。孩子在辅助教师的引导和帮助下入园后，我却不敢离开，担心孩子不适应，担心孩子在幼儿园里给老师惹麻烦，更担心突然接到老师的电话或看见孩子被送出来……各种担心、害怕笼罩着我，大脑一片空白。半天的融合教育活动结束后，辅助教师带孩子出来时，我首先关注的是辅助教师的身心状态。如果看见辅助教师满头大汗、疲惫不堪，我会感到非常内疚。我甚至会在“微信运动”上时刻关注着老师的步数，以此来猜测孩子在幼儿园的状态。当与辅助教师交流孩子的表现时，我心里时而忐忑不安，时而高兴，时而低落。每天往返于家、幼儿园、康复中心之间，处理一日三餐和没完没了的家务事，让我感到心力交瘁、疲惫不堪。第一周下来，我甚至怀疑自己该不该送孩子来普通幼儿园。

在辅助教师的指导下，我抱着试试看的心态，按步骤开展感恩拜访练习。

接下来发生的事令人难以置信。当我对辅助教师、一起送孩子来融合的家长、幼儿园老师、邻居等感恩对象进行了感恩拜访后，每个人都很感动，都觉得彼此心意相通，这一行动拉近了我们的距离。我感受到了很多人的理解、爱和鼓励，甚至因为感动和分享的喜悦而潸然泪下。每次和感恩对象道别后，我都感到无比的轻松，同时感觉有一股神奇的力量支持我投入日常的生活中。

（二）三件好事练习

面对同样的事件，乐观的人会倾向于从正向、积极的角度去看待事情的发生与发展。有时候并不是事情本身很糟糕，而是我们对事情的解读很糟糕，从而影响了正常生活。消极的情绪并不可怕，它是每个人生活的一部分。然而，当我们过度关注生活中消极的一面时，往往会忽略那些能给自己带来幸福感的积极事物。

三件好事练习是马丁·塞利格曼和克里斯托弗·彼得森（Christopher Peterson）一起设计的一种积极心理干预方法，作用是提升个人幸福感，减少抑郁情绪。

三件好事练习的具体操作步骤如下：

步骤 1：每天留出 10 分钟时间，利用微信朋友圈打卡今天发生的三件好事。全天任意时间都可以进行打卡。打卡内容不限于文字、图片、视频，但文字要不少于 30 个。打卡内容可以根据自己的要求设置为“仅自己可见”或“允许所有朋友可见”。

步骤 2：打卡写下的三件好事无论大小，任何让你感到良好的事物都可以记录下来。如果你有更多想记下的，可以多写一点。如果想不起来，少写一两件也没关系。

步骤 3：把这些事情写下来是非常重要的步骤，不要只停留在想的层面，动手写下文字并配上图片能让你的心情更美丽。

步骤 4：想一想究竟是什么原因导致了这些事件的发生，以及它们为什么会发生。把“为什么”写下来，例如：今天孩子很配合穿衣服，因为我很耐心地指导孩子并注重正确的方法。

步骤 5：在写的时候，可以使用任何你认为自然和轻松的语言，只要你自己感到舒适就可以了。

以下是一位孤独症儿童的母亲的自述。

三件好事练习对我产生的影响

这些年，为了 4 岁的孤独症儿子的康复，我全职照顾他。每天不仅要陪着儿子前往医院、康复机构进行治疗和训练，来回奔波，还要照顾年老的父母。这样的生活压得我喘不过气。老人年事已高，无法提供帮助。丈夫要承担起这个家的经济责任，工作特别忙。孩子能力弱，我回到家还要给孩子做家庭训练，进步不大的时候就特闹心，有时甚至连饭都吃不下。遇到孩子生病的话，日子简直是鸡飞狗跳。面对这么多的负面压力，我常常感到自责

和绝望，活生生地把自己变成一个怨天怨地的怨妇。当我了解积极心理干预法后，每天坚持打卡三件好事，持续了六个月。这个过程让我重新审视我的生活，并意识到其实没必要有这么多抱怨。

儿子大部分时候很乖巧，虽然认知、语言能力跟不上同龄孩子，但他一点一滴的进步，给我带来了很多惊喜。丈夫虽然忙，但是下班后总是及时接手，让我多休息。老人虽然没帮忙带孩子，但是他们从不愿意给我们增加负担，时时关心我们，接济我们，不用我们两头操心。我的家务事虽然忙碌，偶有失控，但大部分时候，我都能够在孩子起床前按时完成必要的工作，在白天能全心全意地陪伴孩子。正是因为之前的混乱，我不断在其中找平衡，这样我才能够发挥潜力，花六个月时间逐渐养成许多好习惯。孩子的能力也逐渐发展起来，生活慢慢地进入正轨。

坚持了半年的每日打卡三件好事，让我改变了很多生活习惯。如我从晚睡熬夜变成了早睡早起，从三天打鱼两天晒网地给孩子做训练变为每天给孩子定点定时训练。同时，我给自己制订了运动健身计划。我从不愿意挑战自己、不愿意学习新知识，变成了每天都在挑战自己、追求成长，整个人都充满能量。孩子受到我积极能量的感染，笑声更多了，互动更多了，能力进步得更快了。这是我坚持每日打卡三件好事以来最重要的收获。

从以上案例可以看到，三件好事练习的可操作性是很强的。在这个过程中，孤独症儿童家长可以运用积极心理干预法帮助其换一个角度看待自己的生活，换一个视角看这个世界，从关注负面转变为关注正向的、积极的、美好的一面，从而获得积极的能量。

（三）突出优势练习

这个练习的目的是帮助人们发掘自己的突出优势，鼓励人们频繁、有创造性地运用它们，开发自己最大的潜能。突出优势练习是选做项目，适用于家庭每一个成员，孤独症儿童可以由家长协助完成。

什么是突出优势？可以根据以下的特点来判断：

1. 拥有感和真实性（“这是真正的我”）。

2. 使用时有兴奋感，特别是在开始时。

3. 第一次使用优势时，学得非常快。

4. 渴望找到新的途径来使用它。

5. 使用优势时有不可阻挡的感觉（“没有什么能阻止我”）。

6. 使用优势时满怀激情，而非身心疲倦。

7. 你会制订并实施围绕该优势的个人计划。

8. 使用时会感到快乐，充满热情、激情。

在表 1-3-1 中，列出你的若干个突出优势并排序，然后选择最强的五项优势并问自己：这是一项突出的优势吗？

确定突出优势后，再进行下面的练习：抽出一段时间，用一种新的方式，练习你的一项或多项突出优势，一定得是明确运用它的机会。例如：

1. 如果你的突出优势是画画，那么可以每晚留出一个小时来画画。

2. 如果你的突出优势是唱歌，那么你可以在当地参加歌唱团训练和演出。

3. 如果你觉得自我控制是你的优势，那么你可以去健身房锻炼，而不是在家看电视。

突出优势练习最好的方法是运用优势，并记录下这个过程。记录的内容包括：你在做这件事情之前、过程以及之后分别有什么不同的感受？该活动有挑战性吗？容易吗？时间过得很快吗？你是否忘记了自我？你想再来一次吗？

表 1-3-1 突出优势练习

列出你的若干个突出优势并排序，然后选择最强的五项优势并问自己：这是一项突出的优势吗？

1.………………………………………………（　　）

2.………………………………………………（　　）

3.………………………………………………（　　）

4.………………………………………………（　　）

5.………………………………………………（　　）

6.………………………………………………（　　）

7.………………………………………………（　　）

8.………………………………………………（　　）

9.………………………………………………（　　）

10.………………………………………………（　　）

确定突出优势后，再进行下面的练习：抽出一段时间，用一种新的方式，练习你的一项或多项突出优势，一定得是明确运用它的机会。

以下是一位孤独症儿童的母亲的自述。

开启“突出我的优势”时刻让我觉得自己很有力量

以前，我经常埋怨自己不是超级妈妈，经常觉得自己没有能力，哪方面都做不好，没办法提供孩子需要的资源去支持他。

在专业人员的指导下，我进行了突出优势练习。刚开始的时候，要想出自己的优势实在是太难了。感觉每天重复的日常琐事，都是再正常不过的了。后来，我写下了这些：在菜市场里，我总是能买到比其他人更经济实惠的食材；我每天都能准时送孩子到幼儿园参加融合教育活动，从不迟到，看来我很会规划时间；和其他家长分享孩子不愿意进幼儿园时，我提出了很多可参考的建议，看来我越来越会和孩子相处了；在一次活动表演中，我居然独唱了一首歌，我从来不知道自己唱歌还不错……

过了几个月，我回头看看自己写下的优势，我很吃惊并感慨，原来自己有那么多的优势。而且，这些优势都是我可以运用到日常生活中，调节自己，帮助和引导孩子，支持周围人。每次我感到力量不足的时候，我就再看一次自己写下的优势，奇怪的事情发生了，我觉得自己又充满了力量。

感恩拜访练习、三件好事练习和突出优势练习，这三种积极心理训练方法不仅对自己有效，也对家人和孩子有效。只要坚持六个月以上，我们的生活状态将会发生彻底的转变。当父母给孤独症儿童营造了积极能量场，孩子的大脑发育和潜能将会被最大化地开发，从慢发育状态进入正常发展轨道，各方面能力将会得到稳步发展和提高。

第二章

重塑认知，积极转变

在孤独症儿童参与融合教育的过程中，面对孩子出现的各种糟糕的表现，家长可以运用第一章的内容帮助自身调节，以更加积极的心态投入活动。本章将从大脑发育的基本规律、创建有利于孩子发展的家庭环境、家长支持策略三个方面展开，帮助家长重塑认知，积极转变。

第一节
孩子为什么会这样？

我们来看一下这样一个情境：妈妈牵着栋栋的手，在去幼儿园参加融合活动的路上。前一秒还高高兴兴、蹦蹦跳跳的栋栋在离幼儿园还有几米的地方，突然甩开妈妈的手，一边往回走，一边重复地说："不去幼儿园，回家，不去幼儿园，回家……"妈妈赶紧拽住栋栋，阻止他往回走，带着着急的语气说："你这孩子，刚才还好好的，怎么一到门口就这样？你乖乖上幼儿园，每个小朋友都要上幼儿园的，好不好？"栋栋拗不过妈妈，直接躺在地上，大喊大叫：“我要回家，不去，要回家，不去……”

如果你是栋栋的妈妈，面对这样的情境，你该如何调整自己，如何应对呢？

孤独症儿童的发育特点，孩子和家长之间的联结，是遵从大脑发育的基本规律的。如果家长能了解一些大脑、心理、情绪和行为之间的关系的基本原理和知识，就可以从“全脑教育”的视角看问题，帮助自己跳出仅是制止冲突和争吵的范畴，把这些情境视为发展孩子大脑、社交技巧和个性化的机会。这样做不仅可以帮助家长了解“孩子为什么会这样”，还可以了解“我为什么要这样做”“我应该怎样调节自己来帮助孩子”。通过这种方式，家长可以用一种新的、深刻的方式理解孩子的感受和行为。这对于那些想以一种更好的方式来引导、训练和教育孩子的家长来说非常有用。家长了解一些易于掌握的大脑基本概念，可以更好地理解孩子，培养孩子应对挑战的能力，引导他们更好地适应融合教育活动。

一、大脑是可塑的

大脑在很大程度上决定了“我是谁”以及“我会做什么”。在孩子大脑发育的关键阶段里，很大程度是受父母带给他们的经历和感受影响的。孩子在体验的时候，脑细胞开始工作，神经元会被激活，又叫神经元放电，大脑中成千上亿的脑细胞不断地拓展联结，反复放电，形成了新的神经元联结，这就是神经可塑性。神经元不断联结，经过长时间的发展，最终形成孩子的大脑结构特点，以感受、思维、推理和记忆等抽象的特质来表现。了解这些，可帮助家长认识到孩子大脑的工作方式是不断变化的。通过教育和引导来支持孩子体验，可以锻炼孩子的大脑，促进孩子的大脑发育。同时，家长也能了解到大脑的发育是在成长过程中的一次次经历和体验中建立的，孩子成长中的任何经历都会塑造孩子的大脑。上面情境中遇到的问题，在孩子成长中可能不止一次出现，家长可以转换思维，把这些情境当成是孩子体验的机会，教育孩子的机会，塑造孩子大脑发育的机会。这样，孩子的情感、智力和技能都将得到很大的发展。这是支持孩子融合教育的目标之一。

二、联结左右脑，改善孩子的情绪

人的左脑主要负责秩序、逻辑、分析、语言等，右脑主要负责艺术、情感、想象、直觉等。右脑接收身体感官刺激的信号，如表情、眼神交流、语气、语调、身体姿势传递的信息，通过解读这些情感信息，帮助实现沟通目的。不同于左脑关注细节和秩序，右脑更关注整体场景带来的感受，比如对一次经历的个人感受。在孩子的成长过程中，尤其是3岁以前，右脑占主导地位。在孩子还没有掌握用逻辑和文字来表达自己的感受之前，他完全活在当下，用直接的情绪和行为来表达他的喜好和需求。这就能够解释上面的情境中栋栋为什么会毫无顾忌地在马路上躺下，毫无羞愧之意。因为逻辑、责任和时间观念对这个年龄的他来说还不存在。当栋栋问“我为什么要来这个幼儿园？”的时候，就是左脑在起作用，因为左脑负责探索世间万物的因果关系，并用语言把逻辑思维表达出来。

左右脑是通过神经纤维产生联系的。家长了解了大脑的构造和功能，在教导孩子时就知道如何联结左右脑让孩子的大脑平衡发展。家长可以先投其所好，通过聆听和关注孩子的情绪，和孩子建立好关系，然后引导孩子用左脑去思考。通过教育和引导来促进孩子用左脑思考，是支持和改善孩子在各种情境中调节情绪的办法。为了促进孩子左右脑的联结，家长可以在日常生活中不断寻找机会锻炼孩子的大脑，从而帮助孩子逐步学会改善自己的情绪，独立应对日常活动中的挑战。

三、联结上下脑，促进儿童自我控制

根据“三脑”理论，大脑的结构按功能可划分为“认知脑”区域、“情绪脑”区域和“爬行脑”区域。“情绪脑”和“爬行脑”区域属于下层脑，包括脑干和边缘区域，主要负责基本功能（比如呼吸和眨眼）、与生俱来的反应和冲动（比如战斗和逃避）、强烈的情感（比如恐惧和愤怒）。“认知脑”区域属于上层脑，由左右脑组成，其中发挥指挥作用的是前额和前额叶皮层。与下层脑不同的是，上层脑负责一些重要的高级分析思维功能，比如思考、想象和规划，具有高度的精密性和复杂性。当孩子在成长的过程中遇到各种挑战时，家长希望看到孩子运用已掌握的技能来应对，比如做出明智的决策、控制身体和情绪、展现同理心、理解自我和拥有道德感，而这些能力的发展都依赖于上层脑来发挥作用。

在孤独症儿童的融合教育活动中，儿童发脾气是常见的现象，这给家长带来了很大的困扰。大部分家长认为，回应孩子发脾气的最佳办法是适时忽略孩子的怒火，转移他的注意力。从上下脑的角度来看，发脾气可以分为上层起火和下层起火两个不同的层次。上层起火是孩子自己决定发脾气，他会有意识地选择用何种做法，如试探、恐吓或威胁，直到得到他想要的，尽管他表现得很夸张，但只要他愿意，他可以随时停火。上述情境中栋栋的表现就属于上层起火的类型。假如妈妈和栋栋说："如果你乖乖进幼儿园，我就给你买一辆玩具小汽车。"玩具小汽车是栋栋喜欢的东西，他可能会马上爬起来，脾气瞬间消失。对于上层起火，家长需要设置清晰的界限，明确地告知孩子什么行为恰当、什么行为不恰当、应该怎么做，逐渐促进孩子学会控制自己的情绪和行为。下层起火则完全不同，此时的孩子会变得心烦意乱，歇斯底里，应激激素的分泌充斥着孩子的身体以致上层脑无法运作。在这种情况下，孩子无法控制自己的行为和情绪，也无法使用那些高级的思维技巧，完全处于一种失去理智的状态。在上述的情境中，如果家长没能控制自己的情绪，用训斥和粗暴的行为来应对，孩子有可能转为下层起火。对于这种状态的孩子，需要更多的耐心来安慰，帮助孩子先冷静下来，再进行引导。

四、联结自己与孩子

联结自己与孩子，指的是鼓励家长在应对孩子的挑战行为时，运用大脑是可塑的、联结左右脑可以改善孩子的情绪、联结上下脑可以促进孩子自我控制等知识点来促进家长与孩子之间的联结，从而建立有益于家长和孩子之间的依恋关系。孤独症儿童进行融合教育的过程虽然充满了困难和挑战，但也是帮助孩子成长和发育大脑的契机。家长可以通过积极调节，控制自我情绪，为孩子做出自我调节的示范。当孩子看着家长是如何让自己平静下来时，家长的行为会影响到孩子。这种行为累积到一定的量，会慢慢内化为孩子的能力，使孩子做出符合情境的行为表现。因此，当家长意识到自己被下层脑接管，开始情绪失控的时候，可以这样做：首先，不要伤害孩子，保持沉默，避免说出让自己后悔的话；其次，跳出当时的情境，让自己尽快平静下来；最后，发生冲突后尽快修复和孩子的关系，重新建立联结。

对大脑基本知识有清晰的认识会给家长带来力量。在孤独症儿童进行融合教育的过程中，家长可以通过一次次的契机来教导，促进孩子大脑的发育，改变孩子的思维方式。这不仅能增强家长对孩子的赞赏，也能给孩子的未来建立一个情感丰富、充满意义的生活基础。

第二节
家长应该创建什么样的家庭环境？

相比普通儿童的家长，孤独症儿童的家长会面临更复杂的问题。孤独症儿童有沟通障碍，对周围环境的刺激过敏或不敏感，在参与融合教育活动时会遇到各种各样的困难。家长运用积极心理学的知识，可以提升自我效能和胜任力，相信儿童的表现与环境影响密切相关。通过采取适当的策略，创建和优化家庭环境，帮助孤独症儿童增强社会行为，进行情绪调节，适应并参与融合教育活动。

基于积极心理学的角度，家长可以采取一些方法创建和优化家庭环境，以支持和发展儿童的社会能力。例如，孤独症儿童具有独特的敏感性，包括超敏反应，家长可以通过预先去除这些儿童难以处理的刺激物，来避免孩子可能会出现的困难。此外，孩子在融合教育活动中面临的困难和挑战应视为一个积极的因素。

在融合教育的情境中，孩子不断运用技能来调节情绪和行为以适应新环境，这恰恰是促进孩子生长发育的机会。作为家长，应该为孩子创造机会，鼓励孩子与其他人互动，有沟通障碍、应对变化能力较差的孩子可以以此为契机来发展社交技能，并通过不断地自我调节，适应不同的环境。以下是创建家庭环境的一些建议。

1. 为孤独症儿童提供一个安全、健康和整洁的家庭环境。家长可以通过环境布置来促进儿童积极的社会行为。在家庭空间和物品的布置上，首要考虑的是安全因素，包括固定物品的摆放，使用健康、安全的生活用品。

2. 调整室内的空间以利于孤独症儿童的社交发展。调整家庭环境，布置温馨的家庭，可以提升儿童的安全感和归属感，让儿童愿意在这样的环境里和家庭成员互动，从而促进儿童技能的发展。例如，对家里的灯光、墙面和窗帘的颜色进行调整，以减少对孤独症儿童的感官刺激；调整家具的摆放和空间布局有利于孤独症儿童的视觉能力发展；设计一个专门的、铺有地毯的游戏区域供孩子玩耍等。

3. 调整室外的空间以利于孤独症儿童的社交发展。儿童需要有足够的户外互动时间。在户外活动的过程中，孤独症儿童会有更多互动的机会。家长可以结合孤独症儿童的运动优势和需要，在户外的自然环境和公共设施中适当地增加一些孩子感兴趣的辅助运动材料，如孩子喜欢的颜色的球、所熟悉的积木等，以此营造利于孩子参与户外活动的环境。

第三节
融合教育中的家长支持策略

面对孤独症儿童在融合教育活动中所遇到的各种各样的困难和挑战，大多数家长往往因孩子不恰当的行为倍感压力，不知道如何应对。例如，当孤独症儿童在幼儿园中感受到某些刺激（如灯光、刺耳的声音等）的时候，他们为了表达自己的感受，有可能会出现尖叫、躲避或哭喊的行为，而不是通过语言表达，此时家长往往不知所措。

孤独症儿童要逐步适应、参与幼儿园的一日活动，需要掌握、习得一定的社会技能，这是一个循序渐进的过程。这个过程不能急于求成，孤独症儿童进入幼儿园融合，需要花大量的时间来了解环境、获取信息，尝试各种交流方法，发展出那些能够被社会接纳的技能，而且要经过无数次与他人互动的经历才能不断完善对社会的认知和习得技能。

家长增强自我效能感，能更好地应对孤独症儿童不恰当的行为。经过心理赋能的家长更容易对孩子不恰当的情绪和行为做出积极回应，从而获得成就感。这些感受将转换成积极能量，帮助家长更好地参与孩子的成长和发展。

家长可以采取适当的方法来支持孤独症儿童参与融合教育活动。比如，先与孩子建立积极的关系，再为孩子提供支持性环境，有意识地教导他们常用的社交技能，指导他们如何使用这些技能，并在实际情境中根据需要对孩子进行深入的个别化干预。在支持与引导的过程中，孤独症儿童家长需要比普通儿童家长付出更多的精力，会面对更多的困难、压力。因此，孤独症儿童家长需要更强大的心理素质来应对压力。表 2-3-1 是家长可以参考的应对压力的措施。

表 2-3-1 家长应对压力的措施

如果孩子出现 / 遇到……	你可以提供……
恐惧、愤怒、羞愧	安全感、同理心、接纳
压力	耐心的沟通、有效应对实际困难的措施
忽视	保护、照顾和关爱
偏见和歧视	理解他人的偏见和歧视行为、真诚沟通、寻找公平的帮助、帮助儿童发展积极的自我认同感
混乱的环境	理解、接纳，提前做好环境的调整
迷茫	理解、接纳，提升社会技能

第三章

付诸行动，理解支持

孤独症儿童的融合适应需要经历一段艰难的过程。孤独症儿童存在的社交沟通障碍、重复刻板行为、感知觉信息处理异常等症状，会让他们在融合教育环境中面临重重困难。当孤独症儿童在融合教育情境中遇到适应困难的情况时，家长的支持和引导就至关重要。本章将从“国际学前融合教育评价标准”的三个维度，即可接近性、支持性和参与度，来分别说明在融合教育情境中，家长应如何给予孤独症儿童积极的支持和引导。

第一节　情绪篇

由美国特殊儿童协会（Council for Exceptional Children，简称CEC）的幼儿教育分会（Division for Early Childhood，简称 DEC）和全美幼儿教育协会（National Association for the Education of Young Children，简称 NAEYC）两个权威机构联合发布的“国际学前融合教育评价标准”中有三个维度。其中，第一个维度是可接近性，即确保特殊儿童能在活动中自由使用教学环境中的各种设施，而非因其特殊性而处处受限。孤独症儿童的融合教育要想达到这个维度，首先要帮助孤独症儿童学习情绪调节和行为管理。本小节通过孤独症儿童在融合情境中常出现的五个情绪案例，指导家长在面对孤独症儿童的消极情绪时，如何给予孩子积极的支持与引导。

案例 1　一点小事哭好久

图 3-1-1　小欣大哭

背景资料：

小欣，女，4岁，孤独症谱系障碍。能够表达自己的需求，有主动与他人沟通的行为，但理解能力较弱。目前在幼儿园中班融合。

小欣的身上似乎装着一个“哭”的按钮，一旦触碰到，就立即放声大哭，根本停不下来。比如幼儿园换了一个保安，她会在幼儿园门口哭一个早上，不肯进幼儿园。又比如在“三八妇女节”放半天假的时候，小欣会趴在幼儿园的午睡床上号啕大哭，就是不愿意跟妈妈回家。有时候甚至不知道是什么原因，她就会哭起来，没有半个小时根本停不下来。

分析：小欣出现情绪崩溃的情况可能与孤独症的重复刻板行为有关。当小欣的日常秩序感被打破时，她会感到焦虑和不安。而理解能力是小欣的劣势，这使得小欣在理解和接受日常生活中的变化上更加困难。情境解读如表 3-1-1。

表 3-1-1　情境解读 1

消极应对		
消极观念	消极行为	儿童接收到的信息
1. 她又哭了，这点小事有什么值得哭的。 2. 她都在这里哭了那么久，那么多人看着，太丢脸了。	1. 大声呵斥："哭什么哭，有什么好哭的！" 2. 直接把孩子拖走。	我都已经这么焦虑了，为什么妈妈还要骂我？这会让我更焦虑。
接纳与转变		
积极应对		
转变观念	积极行为	儿童接收到的信息
她哭是因为她很焦虑，她很难接受和适应生活中的变化，但我可以慢慢跟她解释清楚。	1. 共情孩子的情绪，对她说："你现在看起来很难受，是因为今天跟昨天不一样吗？" 2.跟孩子解释变化的原因。	1. 妈妈理解我的焦虑。 2. 原来今天跟昨天不一样是这个原因，好像变化也没有那么可怕。

案例 2　莫名其妙地大笑

图 3-1-2　章章大笑

背景资料：

章章，男，4 岁半，孤独症谱系障碍。喜欢跟人互动，但是社交技能不足。目前只能说词语。

章章是一个特别活泼的男孩子。每天总有很多事情可以让他感到开心。有时候看到一片树叶落下来，他就会哈哈大笑；有时候有人跟他打招呼，他会笑得直不起腰；有时候老师正在上课，他突然滚在地上捧腹大笑；有时候甚至不知道什么原因，他就开始大笑起来。他每次都引得旁边的人跟着笑。但是章章的行为有时候会影响课堂秩序。

分析：章章的哈哈大笑可能与他的社交技能不足有关。章章是一个喜欢跟人互动的孩子，但是他目前还没有发展出足够的社交技能来支撑他以恰当的方式跟人互动。因此，他可能是通过哈哈大笑的方式来吸引周围的人的注意，从而达到跟人互动的目的。情境解读如表 3-1-2。

表 3-1-2　情境解读 2

消极应对		
消极观念	**消极行为**	**儿童接收到的信息**
1. 明明没什么好笑的，他却在那里笑个不停，真的好奇怪。 2. 我都生气了，他还在笑，这让我更生气了。	1. 制止孩子：“别笑了，快停下！” 2. 大声吼：“我让你别笑了！” 3. 捂住孩子的嘴，或把孩子拉到一个角落。	1. 妈妈终于对我有回应了，我再笑一会儿。 2. 妈妈对我的回应更强烈了，我要笑得更夸张。 3. 我只是想跟妈妈玩，为什么妈妈看起来有点生气呢？是不是妈妈不喜欢跟我玩？
接纳与转变		
积极应对		
转变观念	**积极行为**	**儿童接收到的信息**
1. 孩子在吸引我的注意，他需要我的关注。 2. 虽然他的行为方式不太恰当，但是他的社交动机是好的，这是一个教导他学习社交技能的好机会。	1. 给孩子正向积极的社交回应。如拥抱、摸背、微笑、跟孩子握手。 2. 温和且耐心地教导孩子恰当的社交技能。如教孩子说“跟我玩”“一起玩”。 3. 陪孩子玩游戏，在游戏中提高孩子的社交技能。	1. 妈妈在关注我，妈妈是喜欢跟我互动的。 2. 原来当我想要跟别人一起玩的时候，可以这样说。 3. 跟妈妈一起玩游戏很开心，这些游戏我也可以跟幼儿园的小伙伴一起玩。

案例3　害怕冲水的声音

图 3-1-3　果果大哭

背景资料：

果果，男，5岁，孤独症谱系障碍。经过两年的康复训练，果果在4岁半的时候进入普通幼儿园融合。目前在普通幼儿园上中班。

果果对水流的声音特别敏感。不管是在家里还是在幼儿园，每次需要果果一个人去卫生间的时候，在进去之前，果果都会在门口小心翼翼地听，如果没有声音，果果就会大胆地自己进去洗手或上厕所。但是，如果在门口听到冲水的声音，或者是在洗手和上厕所的过程中听到冲水的声音，果果就会立刻号啕大哭，惊恐地跑出来，需要大人抱着安慰半个小时以上才能够平静下来。

分析：果果害怕冲水的声音，可能是感知觉中的听觉出现了异常。听觉信息处理异常，导致果果对某些突然出现的声音很敏感，所以当果果听到厕所冲水的声音时就会特别恐惧。情境解读如表3-1-3。

表 3-1-3 情境解读 3

消极应对		
消极观念	消极行为	儿童接收到的信息
1. 冲厕所这么平常的事情，有什么可怕的。 2. 哄了那么久，我的耐心都要被他耗光了。	1. 强迫：硬拉着孩子进厕所。 2. 责骂："停，马上停！再哭我就不要你了。"	1. 冲厕所的声音对我来说像山洪暴发一样可怕，但是妈妈并不理解我的害怕。 2. 我想要妈妈的安慰，但是得到的却是妈妈的责骂，我很害怕，我不知道该怎么办。
接纳与转变		
积极应对		
转变观念	积极行为	儿童接收到的信息
1. 听觉信息处理异常让他觉得冲厕所的声音特别恐怖，他是真的很害怕，并不是故意要哭。 2. 他需要有人帮助他学习怎么调节和处理害怕的情绪。	1. 安慰孩子，转移孩子的注意力。 2. 引导孩子用语言表达自己的情绪，如"我害怕冲水"。 3. 运用听觉训练帮助孩子对冲水声脱敏。	1. 妈妈理解我的情绪，我可以找妈妈寻求安慰。 2. 原来我可以用很多种方式表达自己的情绪。 3. 通过妈妈的办法，我觉得冲水声也没有那么可怕了。

案例 4　生气时打自己的头

图 3-1-4　佩佩拍打自己的头

背景资料：

佩佩，男，6 岁，中度孤独症谱系障碍。能进行简单的问答，但主动表达较少。目前上午在普通幼儿园上中班，下午在康复机构做康复训练。

佩佩有严重的自伤行为。他常常在生气的时候用力地拍打自己的额头，越生气拍得越用力。有时候拍到额头红肿还继续拍，一边拍一边号啕大哭。这时候如果大人拉住他的手不让他拍打自己的额头，他会大声尖叫，用脚踢拉他的人，用力挣脱大人的控制后继续拍打额头。整个过程一般要持续5～10分钟，佩佩才能逐渐冷静下来。

分析：佩佩生气打头的行为可能是他发泄情绪的一种方式。有可能是因为在以往的经验中，佩佩在生气的时候通过打头的行为能够获得一定程度的情感宣泄和感官满足；也有可能是佩佩通过打头的行为可以获得大人更多的关注或者需求的满足。情境解读如表3-1-4。

表 3-1-4　情境解读 4

消极应对		
消极观念	**消极行为**	**儿童接收到的信息**
1. 他这样打自己，就是想让我心疼，让我妥协。 2. 每次生气都这样，怎么说都不听，我真的无能为力。	1. 大声呵斥："你给我停下！"并用力拉扯孩子的手，跟孩子扭打在一起。 2. 冷眼旁观：在一旁冷漠地看着，直到孩子自己冷静下来。	1. 我已经很生气了，妈妈还来骂我，还来激怒我，我的情绪已经爆炸到了极点。 2. 我很难受，我不知道要怎么办，我很需要帮助，但是妈妈却不理我。
	接纳与转变	
	积极应对	
转变观念	**积极行为**	**儿童接收到的信息**
1. 他现在很生气，把情绪发泄出来能让他感到舒服。 2. 他还没有学会更合适的情绪宣泄的方法，他需要我的帮助。	1. 共情孩子，对他说："你现在很生气，很难受，妈妈理解你。妈妈陪着你一起宣泄。" 2. 教导孩子合适的情绪宣泄途径，如拍打枕头、大声呐喊等。	1. 原来妈妈可以理解我的感受。 2. 我可以跟着妈妈学习怎么发泄自己的情绪，原来除了打自己的头，还有其他方式可以让我感到舒服一些。

案例5 不得第一就滚地

图 3-1-5 乐乐滚地

背景资料：

乐乐，男，4岁，轻度孤独症谱系障碍。有较好的语言表达能力，常绘声绘色地向人讲述恐龙的故事，不管对方是否愿意听。目前在普通幼儿园上中班。

乐乐对“第一名”非常痴迷。平时要第一个到幼儿园，排队要抢第一个，吃饭要第一个吃完，洗手、上厕所、玩玩具都要抢着第一个去。如果什么时候“第一”不是他，他会马上生气地跳起来，随后躺在地上翻滚并大声哭喊“这不公平！我才是第一名！”在课堂上，如果老师先请其他小朋友回答问题，或者先表扬了其他小朋友，乐乐也会立刻在地上翻滚并大声哭喊“这不公平！”直到老师安慰他，反复强调给他第一名他才会平静下来。

分析：乐乐对“第一名”的过分在意，可能是乐乐的荣誉感和嫉妒心的萌芽。荣誉感和嫉妒心是高级情感，对于孤独症儿童来说，荣誉感和嫉妒心的发展是非常难能可贵的。因此，乐乐对“第一”的追求是值得鼓励的。但是乐乐追求“第一”的行为方式是社会规则所不能接受的。乐乐之所以每次都以滚地来争取“第一”，可能是因为在以往的经验中，乐乐通过滚地能够顺利地为自己争取到“第一”。情境解读如表 3-1-5。

表 3-1-5　情境解读 5

消极应对		
消极观念	**消极行为**	**儿童接收到的信息**
1. 他又来了，得不得第一有什么关系，有什么好哭的。 2. 哭得好烦，算了，给他第一吧，以后都给他第一。	1. 大声呵斥：“别哭了，有什么好哭的，不是第一又不会怎样！” 2. 哄他：“好了好了，你是第一名。” 3. 以后凡事都给他第一，避免他闹情绪。	1. 为什么第一名是别的小朋友，不是我？我不理解。为什么没有人跟我解释，反而要骂我？ 2. 我只要滚地哭闹就可以得到第一名。 3. 我真厉害，我永远都是第一名。
接纳与转变		
积极应对		
转变观念	**积极行为**	**儿童接收到的信息**
他的荣誉感受挫了，但是他还没有学会怎么去接受挫折，他需要学习的机会。	1. 共情孩子的情绪，对他说：“你没有得第一很伤心，妈妈理解你。有时候妈妈没有得第一也会很伤心，可能会比你更伤心。” 2. 运用社交故事帮助孩子理解为什么不是每次都是他得第一，当他没有得到第一的时候可以怎么调节自己的情绪。	1. 原来每个人都有可能不得第一，原来每个人不得第一的时候都有可能会像我一样伤心。 2. 我应该通过自己的努力去获得第一名，而不是哭闹。没得第一的时候，我可以通过一些办法来调节我的情绪。

第二节　适应篇

在“国际学前融合教育评价标准”中，第二个维度是支持性，即构建从教师到家长的完整支持体系，以确保不同教育主体间的高效合作，而非教育主体的责任模糊。孤独症儿童的融合教育要想达到这个维度，需要家长和教师紧密合作，运用有效的支持策略帮助孤独症儿童适应幼儿园的一日活动流程。本节通过五个案例展示孤独症儿童在融合情境中常出现的适应困难问题，指导家长在面对孩子出现类似的困难时，应如何给予他们积极的支持与引导。

案例1　永远有说不完的话

图 3-2-1　安安在上课时说话

背景资料：

安安，男，5 岁，孤独症谱系障碍。经过康复训练，在 4 岁的时候进入普通幼儿园融合。目前在普通幼儿园上中班。

安安似乎总有说不完的话和唱不完的歌。不论是在走路、排队、上厕所，还是在上课，安安总是说个不停。除了吃东西和睡着的时候能够安静下来，其他时间安安总是要发出各种声音。即使你跟他说“请保持安静”，他也安静不下来，停下不到三秒就又开始说话或者唱歌。

分析：安安的自言自语行为可能与他的听觉信息处理异常有关。安安需要通过发出声音来屏蔽环境中某些让他感到困扰的声音，或者是获得听觉方面的感官满足。情境解读如表 3-2-1。

表 3-2-1　情境解读 1

消极应对		
消极观念	消极行为	儿童接收到的信息
1. 他又发出声音了，真的很吵，烦死了。 2. 公共场合这么吵，很没有礼貌，很丢脸。	1. 大声呵斥："别吵了，闭嘴！" 2. 捂住孩子的嘴巴。	1. 我平白无故又被骂了。 2. 妈妈真的很凶，她一点都不喜欢我。
接纳与转变		
积极应对		
转变观念	积极行为	儿童接收到的信息
1. 他不停地发出声音是因为他还没有学会控制自己。 2. 他需要我来帮助他学习如何控制自己不发出声音。	1. 用图片提示孩子小声一点。 2. 切入孩子的话题，把自言自语逐步转变成情境对话。	1. 妈妈理解我控制不住自己要发出声音的行为。 2. 我小声地说就不会影响别人。 3. 跟妈妈聊天是更愉快的发出声音的方式。

案例 2　不是家里的厕所不上

图 3-2-2　俊俊不愿意上厕所

背景资料：

俊俊，男，5 岁半，孤独症谱系障碍。俊俊的障碍程度比较重，综合能力实际发展年龄不到 3 岁。目前在幼儿园上中班。

俊俊有很多刻板行为，其中一个是只能在自己家里上厕所，在外面的公共厕所和幼儿园他都不愿意上厕所。哪怕他急得尿裤子也不愿意上幼儿园的厕所。在幼儿园里，老师都不敢给他喝水，怕他尿裤子。即便是这样，俊俊每天至少会尿一次裤子。为了不给老师造成困扰，家长只好给俊俊穿着纸尿裤去上幼儿园。但是俊俊已经快 6 岁了，总是穿着纸尿裤也不是办法。

分析：重复刻板行为是孤独症的核心症状之一。俊俊不愿意在家以外的地方上厕所，就是孤独症的症状引起的。家长可以通过帮助俊俊学习和理解为什么要在不同的地方上厕所来改善他的这个刻板行为。情境解读如表 3-2-2。

表 3-2-2　情境解读 2

消极应对		
消极观念	**消极行为**	**儿童接收到的信息**
1. 就是上个厕所而已，有什么好闹的！ 2. 不愿意上就让他憋着！	1. 强制将孩子抱进厕所。 2. 放弃处理，让孩子穿纸尿裤上学，或是放任孩子尿裤子后，穿着尿湿的裤子。	1. 只在家里上厕所，这是我的内心秩序，一旦这个秩序被打破，我会很崩溃。为什么妈妈不理解，为什么妈妈要逼我崩溃？ 2. 妈妈对我很冷漠，她一定是生气了。但是，我真的控制不住我自己，我该怎么办？
接纳与转变		
积极应对		
转变观念	**积极行为**	**儿童接收到的信息**
1. 他的刻板行为是因为他患有孤独症，他控制不了自己，他也很难受。 2. 理解情境对他学习改善刻板行为是有帮助的，我可以想办法帮助他理解这个情境。	1. 用社交故事帮助孩子理解为什么要在家以外的地方上厕所。 2. 带孩子到外面的厕所练习，用图片帮助孩子理解他要做什么。 3. 陪伴和等待孩子的转变。	1. 有时候我会因为一些秩序感被打破而感到难受，妈妈是理解我的。 2. 妈妈在耐心地帮助我，我可以跟妈妈一起学习。 3. 有妈妈陪伴，是很安全的。

案例3　碗里绝对不能有青菜

图 3-2-3　小雨不肯吃青菜

背景资料：

小雨，男，5岁，孤独症谱系障碍。4岁开始进入康复机构进行康复训练，4岁半进入普通幼儿园融合。目前半天在幼儿园融合，半天在康复机构做康复训练。

小雨很抗拒吃青菜。吃饭时，小雨只要看见碗里有一点点青菜，就会大喊大叫。如果不立刻帮他把青菜挑出来，他会马上将碗推翻，情绪激动时还会将碗摔在地上。在幼儿园里，老师给他盛饭都要小心翼翼，生怕不小心碗里盛了青菜，惹怒了小雨。

分析：小雨对青菜的过分抗拒，可能与他的口腔内的感知觉异常有关。口腔内的感知觉异常会导致小雨对青菜的味道或者是青菜在口腔内的触觉十分敏感。小雨摔碗的行为可能与过去的家庭教育方式有关，他的这个行为应该在过去的生活经验中曾经让他成功地逃避吃青菜。情境解读如表 3-2-3。

表 3-2-3　情境解读 3

消极应对		
消极观念	消极行为	儿童接收到的信息
1. 他怎么老是不吃青菜，那么好吃的菜都不吃，真不知道要吃什么！ 2. 又吵又闹的，好丢脸啊。 3. 饭菜撒了一地，又要我收拾，他就是来为难我的。	1. 大声呵斥：“给我吃下去！”直接把青菜往孩子嘴里塞。 2. 妥协：算了，他不吃就不吃吧，爱吃不吃。 3. 情绪发泄：一边吼孩子，一边愤愤不平地收拾。	1. 青菜的味道真的让我难以接受，为什么妈妈一定要逼我？ 2. 太好了，原来用这样的行为就可以不吃青菜了。
接纳与转变		
积极应对		
转变观念	积极行为	儿童接收到的信息
1. 他可能不喜欢吃青菜，但是他还不会用恰当的语言说出来，我可以教他学习怎么表达。 2. 他可能还需要时间慢慢接受吃青菜，我可以用他能接受的方式帮助他适应。	1. 行为强化：使用孩子喜欢的小零食或玩具作引导，如在碗里先盛一小口青菜，告诉孩子：“你吃完这口青菜，妈妈就奖励你喜欢的小零食。” 2. 告诉孩子正确的表达方式：“如果你真的不想吃青菜，你可以告诉妈妈，说我不喜欢吃。”	1. 妈妈可以理解我不喜欢青菜的味道。 2. 原来吃青菜也没有那么可怕，妈妈会鼓励我，我吃青菜还可以得到奖励。 3. 原来不想吃青菜可以直接告诉妈妈，用说话的方式表达拒绝，效果会更好。

案例4　在教室里走来走去

图 3-2-4　佳佳到处走动

背景资料：

佳佳，男，7岁，孤独症谱系障碍。经过两年的康复训练，佳佳在6岁的时候进入普通幼儿园融合。目前在普通幼儿园的混龄班融合。

在幼儿园上课时，佳佳总是坐不住。屁股坐在椅子上不到5秒钟，就要起来走动。有时候是在教室里奔跑，有时候是去玩教具柜的教具，有时候是站起来甩手、蹦跳等。直到老师叫他回来坐好，他才会回来坐好，有时候甚至需要老师把他拉回来。只有在老师播放视频的时候，佳佳才能坐在椅子上看视频。佳佳坐在椅子上的时候身体也是东倒西歪，有时候趴在桌子上，有时候摇晃椅子，有时候把脚放在桌子上。当视频放完，佳佳又开始离开座位到处走动。

分析：佳佳上课的时候坐不住，可能与他的感统失调有关。前庭觉和本体觉的异常，会让佳佳难以控制自己的身体，他需要通过不停地让自己的身体动起来，以此获得前庭觉和本体觉的感官满足。情境解读如表 3-2-4。

表 3-2-4　情境解读 4

消极应对		
消极观念	**消极行为**	**儿童接收到的信息**
他怎么都坐不住，非要走来走去。别的小朋友都能好好坐在位置上听课，就他不行。	1. 大声呵斥：“回来坐好！” 2. 直接强硬地把孩子拉回到位置上，用手拉住孩子的衣服，以防孩子再次走出座位。	1. 我坐在椅子上很难受，我想活动一下让我的身体舒服一点，但是我的妈妈不理解。 2. 妈妈总是要控制我，我要想办法挣脱她的控制。
接纳与转变		
积极应对		
转变观念	**积极行为**	**儿童接收到的信息**
1. 如果长时间安静地坐着，他的身体会很难受。身体难受的时候是没有办法集中注意力学习的。 2. 我可以教他学会表达，也可以帮助他学习调节和控制自己的身体。	1. 允许孩子走动，给孩子安排“动起来”的任务，比如帮老师拿东西，帮老师打扫教室卫生，让孩子的“动”变得有作用。 2. 教孩子表达：“我想起来走一走。”	1. 虽然我比较好动，但是妈妈和老师是接纳我的，我还可以给老师提供帮助。 2. 原来我还可以通过表达让别人理解我的感受。

案例 5　玩具没玩够不能收

图 3-2-5　佩佩生气

背景资料：

佩佩，男，6 岁，中度孤独症谱系障碍。佩佩有很明显的刻板行为，对事物逻辑关系的理解能力较弱。目前在普通幼儿园上中班。

当结束活动的音乐响起时，老师让佩佩把玩具放回玩具收纳盒，佩佩会立即生气大哭，说：“不能收玩具，不能收玩具。”如果老师继续要求佩佩收玩具，佩佩会用力地拍打自己的头，或者把玩具扔在地板上。大多数时候只要有人跟佩佩说“不能玩了，要收起来了”，佩佩都会立即生气并用不同的行为表示抗议。除非他当下玩的玩具不是特别喜欢的，或者他已经玩了足够长的时间。

分析：佩佩不能够接受“时间到了，收玩具”这件事情，可能是因为佩佩对“开始”和“结束”的概念没有建立起来。佩佩生气、大哭、打头等行为是他发泄情绪的一种方式。佩佩通过这种方式来表达他的想法，因为以往的经验告诉他用这种方式就可以不收玩具。情境解读如表 3-2-5。

表 3-2-5 情境解读 5

消极应对		
消极观念	消极行为	儿童接收到的信息
1. 只是收玩具而已，这么简单的事情有什么好闹的。 2. 算了，不收就不收了，随便他吧，我不招惹他。	1. 大声呵斥："不要玩了，立刻给我把玩具收好！"或直接强硬地把他的玩具收走。 2. 放任不管，眼不见心不烦。	1. 我玩得正开心，为什么一定要我把玩具收起来？大人真的很不讲理。 2. 原来只要我生气，就可以得到我想要的玩具。
接纳与转变		
积极应对		
转变观念	积极行为	儿童接收到的信息
1. 他不理解为什么"时间到了就要收玩具"，如果我跟他说明原因，他可能就会理解。 2. 他玩得正开心的时候，要他终止游戏，他会不开心，这是人之常情，我可以教他如何调节情绪。	1. 积极与孩子沟通，通过图片、沙漏等视觉提示策略，教导孩子理解时间，理解"开始"和"结束"的概念。 2. 共情孩子，教孩子表达他的情绪。	1. 原来时间到了是指我们要准备开始下一项活动了，下一项活动也是很好玩的。玩具收起来以后，我明天还可以继续玩。 2. 原来大人是可以理解我的情绪的，我把我的情绪表达出来会好受很多。

第三节　社交篇

在“国际学前融合教育评价标准”中，第三个维度是参与度，即提供个别化的指导，以确保特殊儿童有意义地参与游戏和活动，而非处于游离状态。孤独症儿童的融合教育想要达到这个维度，需要给孤独症儿童提供个别化的帮助。通过有效的社交引导策略，帮助孤独症儿童理解幼儿园中的社交情境，从而促进孤独症儿童在幼儿园一日活动中的主动参与。本节通过五个案例展示孤独症儿童在融合情境中常出现的社交困难问题，指导家长在面对孩子出现类似的困难时，如何给予孩子积极的支持与引导。

案例 1　不接受别人的帮助

图 3-3-1　花花不接受别人的帮助

背景资料：

花花，女，5 岁，中度孤独症谱系障碍。喜欢与人互动、游戏，但口语能力有限，能说 3 ～ 4 个字的短句，但发音不清晰。目前半天在普通幼儿园融合，半天在康复机构做康复训练。

花花的手部精细能力不是很好，一些操作性的任务需要做好多遍才能够勉强完成。比如换衣服的时候，每次花花都很努力地想把换出来的衣服叠整齐，可是努力很多次后叠出来的衣服还是歪歪扭扭的。又比如在幼儿园卷工作毯的时候，虽然这是每天都要做的事情，但是花花总是要尝试很多次才能够勉强把工作毯卷起来。当花花在反复尝试把任务做好的时候，如果旁边有人想要来帮助她，她会突然变得很烦躁，大喊大叫并把人推开。

分析：花花大喊大叫、推人，可能是因为花花正专注于她自己的任务当中，这个时候她不希望有人打断她。但是花花的口语表达能力有限，她不懂怎么样表达才能够避免她正在做的事情被打断。情境解读如表 3-3-1。

表 3-3-1　情境解读 1

消极应对		
消极观念	**消极行为**	**儿童接收到的信息**
1. 别人好心来帮你，你却这个样子，很没礼貌。 2. 好好的，她怎么就生气了？她太爱发脾气了。	1. 批评说教："不可以这样，别人是好心来帮你。" 2. 大声呵斥："发什么脾气，不许闹！"	1. 明明是别人打扰了我，为什么被骂的是我？ 2. 没有人理解我，他们都想控制我。
接纳与转变		
积极应对		
转变观念	**积极行为**	**儿童接收到的信息**
1. 她虽然动作有点慢，但是她在努力地做好这件事情，给她足够的时间练习，她一定会进步的。 2. 她不希望被别人打断，但是她不会表达，所以她很着急。	1. 可以跟孩子讲相关内容的社交故事，让孩子从故事中理解这些情境，知道应该使用哪些正确的方式来拒绝。 2. 在孩子发生不恰当的行为后，引导她和小朋友说："我可以自己来，不需要帮忙。"	1. 当我不想让别人帮忙的时候，我可以用语言拒绝。别人会尊重我的想法。 2. 爸爸妈妈是理解我的，我可以有充足的时间去练习自己还不太擅长的事情。

案例 2　看见小朋友就会尖叫

图 3-3-2　熙熙尖叫

背景资料：

熙熙，女，6 岁，轻度孤独症谱系障碍。喜欢跟小朋友互动，但是由于社交技能缺乏，很难参与同伴的游戏。目前在普通幼儿园融合。

熙熙拥有特别响亮的嗓音，她的尖叫声让人震耳欲聋。熙熙为此感到特别骄傲。她看见小朋友就喜欢尖叫，当看到小朋友捂着耳朵时，她就会开怀大笑。在幼儿园里也一样，熙熙总是找机会冲小朋友尖叫。比如在区域活动时，当小朋友都在认真探索教具的时候，熙熙会悄悄走到一个小朋友旁边大声尖叫。看到小朋友被吓得捂住耳朵时，熙熙就一边跑开一边哈哈大笑。老师组织小朋友跑步时，熙熙会突然对跑过她身边的小朋友尖叫，当小朋友捂着耳朵跑开时，她会一边追着小朋友一边继续尖叫。放学看到妈妈来接时，在看见妈妈的第一眼她就会一边尖叫一边笑，如果妈妈阻止她，她会叫得更大声。

分析：熙熙的尖叫行为可能是在寻求同伴的关注。由于熙熙社交技能缺乏，不懂得如何邀请同伴一起游戏或者如何参与到同伴的游戏中，因此熙熙通过尖叫的方式让同伴快速地注意到自己，并期待同伴回应自己。情境解读如表 3-3-2。

表 3-3-2　情境解读 2

消极应对		
消极观念	消极行为	儿童接收到的信息
1. 她的尖叫声让我受不了了。她再不停下来我的脑袋就要爆炸了。 2. 在公共场合喊那么大声，影响到别人，让我好丢脸。	1. 大声呵斥：“停！不准乱叫！立刻安静下来！” 2. 捂住孩子的嘴巴。	1. 哈哈哈，妈妈注意到我了，下次我继续叫。 2. 妈妈的反应这么大，她一定是很喜欢我叫吧。
接纳与转变		
积极应对		
转变观念	积极行为	儿童接收到的信息
1. 她可能需要我的关注，只是不知道用什么样的方式表达，她也不理解为什么公共场合要保持安静。 2. 她需要跟同伴互动，这是她社交进步的表现，只是她现在还没有足够的社交技能来参与同伴的游戏，我可以教她学习更多的社交技能。	1. 用图片提示孩子小声一点。 2. 在孩子安静时给予更多的关注并告知孩子：“你在安静地认真学习，妈妈看到了，特别棒。” 3. 日常生活中多花时间陪孩子玩游戏，让孩子在游戏中学习社交技能。	1. 原来我不需要尖叫也可以有很多方式获得别人的关注。 2. 妈妈陪我玩我很开心，妈妈跟我玩的游戏，我也可以跟其他小朋友一起玩。

案例 3 小朋友哭，他会做鬼脸

图 3-3-3 熊熊做鬼脸

背景资料：

熊熊，男，6 岁，孤独症谱系障碍。熊熊对人有较强的社交兴趣，但是语言表达能力弱，缺乏社交技能。目前上午在普通幼儿园上中班，下午在康复机构做康复训练。

当听到小朋友的哭声时，熊熊会去寻找那个正在哭的小朋友，跑到他面前哈哈大笑，然后做鬼脸。如果小朋友哭得更厉害了，熊熊会笑得更大声，甚至会说一些不符合情境的话，如“手机没电了”“火车开啦”等。直到哭声停了，熊熊才会满意地走开。

分析：熊熊对着哭泣的小朋友做鬼脸的行为，可能是他在通过哈哈大笑和做鬼脸的方式来安慰哭泣的小朋友。在以往的经验中，熊熊可能有在哭泣的时候，大人通过做鬼脸和转移话题的方式来安抚熊熊的经历，因此，熊熊会照搬大人的行为来“安慰”哭泣的小朋友。情境解读如表 3-3-3。

表 3-3-3　情境解读 3

消极应对		
消极观念	消极行为	儿童接收到的信息
1. 小朋友在哭，他去笑人家，一点同情心都没有。 2. 他为什么要这样，好尴尬。	1. 唠叨教育：“你不可以这样，小朋友很伤心，你这样是不对的。” 2. 直接把他拉走。	1. 我在安慰小伙伴，有什么不对吗？ 2. 妈妈不希望我去安慰小伙伴。
接纳与转变		
积极应对		
转变观念	积极行为	儿童接收到的信息
1. 他在尝试安慰小朋友，这是他社交进步的表现。 2. 他没有认识到他安慰小朋友的方式是不恰当的，我可以教给他一些恰当的安慰小朋友的方式。	1. 表扬他对小朋友的关心。 2. 教他使用拿纸巾给小朋友擦眼泪、抱一抱小朋友等恰当的安慰方式。	1. 我关心小伙伴是对的事情。 2. 除了做鬼脸，还有其他更好的方式能够让小伙伴停止哭泣。

案例 4　一做操就躺在老师旁边

图 3-3-4　暖暖躺地板

背景资料：

暖暖，男，5 岁，中度孤独症谱系障碍。经过半年的康复训练，在 4 岁时进入普通幼儿园融合。目前在普通幼儿园就读。

每次做操时，老师要求小朋友找到位置站好做准备，暖暖却站着不动。当所有小朋友都站好时，暖暖就会跑到老师的旁边站着。老师给暖暖示范做操时，暖暖就躺在地板上，并一直看着老师。老师引导他站起来，他就要老师拉他起来，但没过1分钟，他又会跑到老师的另一边躺在地板上，并一直看着老师。

分析：暖暖躺地板的行为，可能是为了获取老师的关注。同时，可能做操这项任务对暖暖来说比较困难，因此暖暖选择用这样的方式来逃避做操。这个行为一方面可以满足暖暖获得老师关注的社交需求，另一方面可以逃避做操这个困难的任务。情境解读如表 3-3-4。

表 3-3-4　情境解读 4

消极应对		
消极观念	**消极行为**	**儿童接收到的信息**
1. 他就不能站着好好做操吗？做操又不难。 2. 我刚拉他起来，他又躺下去了，就一定要我时刻拉着他吗？我真的无能为力了。	1. 大声呵斥：“去做操！”生硬地拉孩子起来，用身体控制孩子做操。 2. 算了，我不管他了，随便他吧。	1. 哈哈哈，太开心了，老师关注到我了，等会我还这样做。 2. 原来我只要躺在这里就不用做操了，躺着真的很舒服。
接纳与转变		
积极应对		
转变观念	**积极行为**	**儿童接收到的信息**
1. 可能这套操太难了，他不会做，或许我应该对他降低要求。 2. 他可能希望我去关注他，但是不会用合适的方式表达，我可以帮助他用恰当的方式让我注意到他。	1. 跟孩子说明，做操的时候你只要站在队伍里就好了。 2. 在孩子站了 5 秒钟后马上夸赞孩子：“你站得很好，老师都看到了。”	1. 老师理解我的困难，做操对我来说很难，但是站着我还是可以做到的。 2. 站好了原来老师也会关注到我，得到老师的表扬真好，以后我要坚持站得更久一些。

案例 5　拒绝分享玩具

图 3-3-5　小野拒绝分享玩具

背景资料：

小野，男，7 岁，重度孤独症谱系障碍。经过一年的康复训练，小野在 5 岁的时候进入康复幼儿园融合。目前在康复幼儿园上大班。

当小野手上拿着玩具时，他会十分警觉。如果这时候有小朋友从他身边经过，他会下意识地护住玩具，观察小朋友有没有靠近他。如果小朋友没有靠近他，他就会继续玩玩具。但是，当小朋友过来想跟他一起玩时，他会立即伸手去打小朋友，然后把玩具紧紧地抱着。在小野想要伸手去打小朋友之前，如果妈妈跟他说："给小朋友玩一会儿，很快就会还给你的。"小野会控制住不打别人，让出玩具，但仍是不放心，会一直盯着小朋友手里的玩具。如果超过3秒，小朋友还没还玩具，小野就会伸手把玩具抢回来并且攻击小朋友。

分析：小野拒绝跟同伴分享玩具，可能是因为小野的社交能力不足。小野目前的社交发展水平较低，还没有与同伴游戏的需求，因此小野更倾向于自己探索玩具而不是跟同伴分享。但是目前小野没有足够的社交沟通能力去跟同伴协商、沟通，因此他就会通过打人和抢夺的方式来拒绝跟同伴的分享。情境解读如表3-3-5。

表 3-3-5　情境解读 5

消极应对		
消极观念	消极行为	儿童接收到的信息
1. 真小气，跟同伴分享一下都不行，这样怎么能交到朋友。 2. 动不动就打人，每次都要我去跟其他家长道歉，脸都丢尽了。	1. 强制要求孩子分享：直接夺过玩具给其他小朋友，并责骂孩子或者滔滔不绝地跟孩子讲道理。 2. 大声呵斥："住手，跟小朋友说对不起！"	1. 只要力气够大，就可以抢到自己想要的东西。 2. 妈妈不讲理，明明是别人抢了我的玩具，却说是我的错。
接纳与转变		
积极应对		
转变观念	积极行为	儿童接收到的信息
1. 玩具是孩子的，孩子有权力决定是不是要跟其他小朋友分享。 2. 我可以教他学习正确的拒绝小朋友的方式。	1. 共情孩子："我知道你不想分享玩具，没关系。如果你不想分享，你可以用语言告诉我。" 2. 教孩子用语言表达拒绝，或利用社交故事教孩子学会分享玩具。	1. 原来我不是一定要跟小伙伴分享玩具的，妈妈理解我的想法。 2. 我可以通过语言表达，让别人知道我不想分享玩具。

在开展孤独症儿童融合教育的过程中，家长是重要的支持者。当孤独症儿童在融合教育过程中遇到困难和挑战时，消极的应对会让他们感觉到不被理解和接纳，不利于他们适应融合教育环境。家长积极的支持可以让孤独症儿童感受到被理解和被认同，可以增加他们在融合教育环境中的安全感。在理解和包容的环境下，孤独症儿童更愿意去学习如何应对融合教育环境中出现的困难和挑战。因此，对于家长来说，重塑对孤独症儿童不适应行为的认知，转变观念，从积极的角度解读他们的行为是给予孤独症儿童融合教育支持的关键一步。家长应站在儿童的角度去理解儿童的行为，用积极的引导为孤独症儿童提供家庭支持，让儿童更好地在融合教育中得到成长。

致谢

“学龄前孤独症儿童融合教育指导丛书”（以下简称“丛书”）是广西壮族自治区残疾人康复研究中心（以下简称“广西区康”）将近十年的学龄前孤独症儿童融合教育实践经验转化而成的科研成果，是一套具有实操性的康复教育指导丛书，凝聚了广西区康孤独症儿童康复团队多年的心血。

丛书第一册《学龄前孤独症儿童融合教育模式》和第二册《支持与引导：给辅助教师的融合教育指导》出版以后，得到了孤独症儿童康复教师、幼儿园教师和孤独症儿童家长的积极反馈和肯定。这些反馈和肯定让我们备受鼓舞。

过去的成果只是一时的荣誉，学龄前孤独症儿童融合教育事业还有漫长的路要走。广西区康孤独症儿童康复团队在原有成果的基础上，持续推进对学龄前孤独症儿童融合教育的专业实践和专业研究。通过与广西壮族自治区直属机关第二幼儿园开展“暖融融”项目，与周边幼儿园开展融合教育定点合作等方式，为学龄前孤独症儿童提供多样化的融合教育支持。

广西区康孤独症儿童康复团队在融合教育实践的过程中，得到了来自广西南宁市多家幼儿园的大力支持。这些幼儿园无私地为孤独症儿童提供接纳、包容的融合教育环境，并给予孤独症儿童耐心、细致的照顾与引导。我们对此深受感动。

同时，我们的融合教育实践得到了广西壮族自治区残疾人联合会的大力支持。2023 年 7 月，广西残疾儿童康复救助制度建设工作领导小组办公室下发了《广西残疾儿童学前融合教育康复救助实施办法（试行）》的通知，该政策的出台为我们的融合教育实践增添了新的政策支持。

最后，诚挚感谢广西教育出版社编辑团队为本书的顺利出版付出的辛勤劳动。

愿本书能为孤独症儿童营造积极能量场，为家长自我调节、融合支持等提供指导，帮助孤独症儿童家长为孤独症儿童提供科学的融合教育支持，让更多的孤独症儿童能够在融合教育过程中获得进步，从而促进孤独症儿童融入社会，健康成长。

主编　陈国治

2023 年 10 月